J. MICHELET

THÉRÈSE & MARIANNE

SOUVENIRS DE JEUNESSE

ILLUSTRATIONS DE V. FOULQUIER

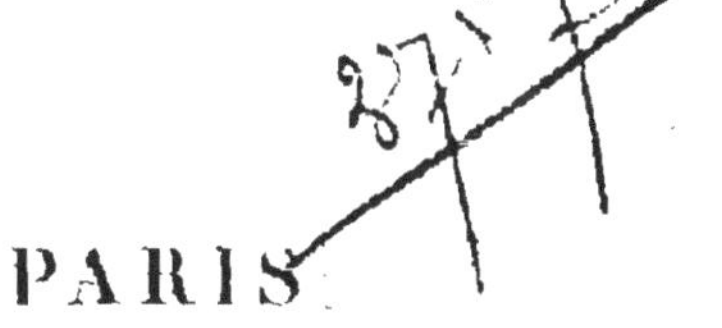

PARIS
LIBRAIRIE L. CONQUET
5, RUE DROUOT, 5

1891

THÉRÈSE & MARIANNE

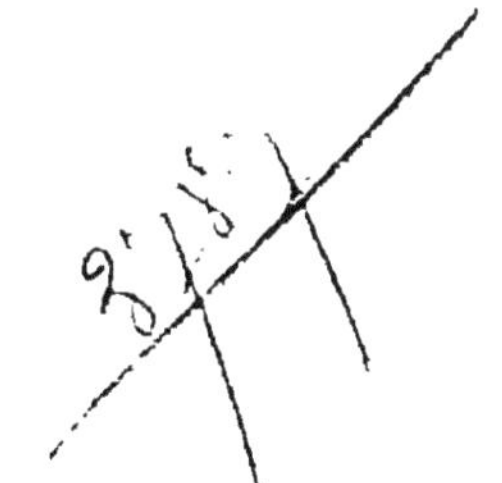

EXEMPLAIRE OFFERT

Pour le dépôt

L. Conquet

Texte imprimé par A. Lahure.
Eaux-fortes par Wittmann.

J. MICHELET

THÉRÈSE & MARIANNE

SOUVENIRS DE JEUNESSE

ONZE EAUX-FORTES ORIGINALES

DE

V. FOULQUIER

PARIS

LIBRAIRIE L. CONQUET

5, RUE DROUOT, 5

1891

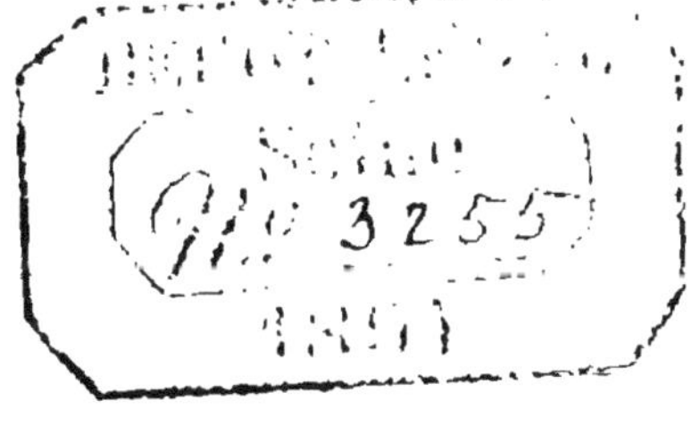

I

LA RUE DE BUFFON

A la fin de l'année 1815, qui fut celle de la mort de ma mère, il se fit dans ma destinée un grand changement. Mon père prit un parti décisif, celui de nous mettre tous deux en pension chez le docteur

Duchemin[1]. Ses faibles appointements devaient y passer tout entiers ; il n'y regarda pas. Je l'entends encore dire, pendant que nous faisions notre trop facile déménagement : « Pour le reste, Dieu y pourvoira. »

Les trois années consécutives que j'ai passées dans cette maison, de la fin de 1815 à 1818, ont trop compté dans ma vie pour que je ne m'y arrête pas un moment. En y entrant, je ne sentis que la douceur d'une existence devenue facile et régulière, ce qui nous avait toujours manqué dans notre existence errante et dépourvue.

Absorbé par mes devoirs d'écolier, allant aux bibliothèques dans l'intervalle des heures de la classe, je ne sus rien, d'abord, des tristesses profondes que re-

1. M. Michelet était le régisseur de sa maison.

c'était une maison où chaque jour venaient échouer tant de naufragés. Je ne voyais guère que quelques internes relativement valides, et seulement à la table d'hôte à laquelle je m'asseyais, le soir, avec mon père.

Ainsi entrevue du dehors, la maison de santé du docteur ne donnait aucune idée des misères morales de son intérieur.

Les âmes y étaient encore plus malades que les corps. Jamais il n'y eut tant de maladies mentales qu'après l'orage de la Révolution et les razzias de l'Empire. La vie nerveuse semblait atteinte dans ses sources mêmes.

Le Jardin des Plantes n'était pas, en 1815, comme aujourd'hui, tout entouré de maisons. Il y avait autour beaucoup de terrains vagues où l'air circulait librement, où tout ce qui avait envie de pousser, herbes et hautes plantes, s'en donnait à son aise. On se serait cru à la campagne. Le lieu était donc bien choisi pour l'établissement d'une maison d'aliénés.

Les dangereux et ceux qui passaient pour incurables étaient tenus à distance, dans des bâtiments spéciaux. On pouvait les voir se promener, hommes et femmes, dans deux cours distinctes entourées de hauts murs, sous la vue de leurs gardiens.

Les demi-fous inoffensifs, les maniaques et ceux aussi qu'on appelait les toqués étaient laissés libres d'errer dans la maison et dans un jardin spacieux. Le soir, on leur permettait le salon, où ils servaient d'amusement aux désœuvrés, leur tenaient lieu de spectacle. On les entourait, on les faisait jaser; on excitait les femmes, encore jeunes, à chanter des chansons fort libres. La galerie riait bruyamment. Je fus plusieurs fois, bien malgré moi, témoin de ces scènes choquantes. Il y aurait eu plutôt de quoi pleurer. Tout cœur honnête eût voulu retenir sur les lèvres de telle de ces pauvres *innocentes* le mot risqué qui la livrait d'avance, et souvent au plus indigne.

II

MADAME HORTENSE

Sans une sage providence pour m'assister dans mes heures de trouble et de défaillance, l'air de cette maison, au total, n'eût rien valu pour moi. Si les plaisirs du salon, — je puis le dire à mon honneur, — au lieu de m'attirer, m'éloignaient, ailleurs, je rencontrais des dangers réels. On a vu que la position de mon père l'obligeait à entretenir des relations quotidiennes avec le personnel de la maison et les malades. Il recevait aussi, en l'absence du docteur, les étrangers qui venaient demander des renseignements. Bon gré, mal gré, j'avais fini par me trouver en contact avec un monde d'une moralité douteuse. L'usage était de vivre les uns chez les autres pour tuer l'ennui. Les jeunes filles de la maison et celles qui venaient du dehors en visite, mal gardées par leur mère, erraient dans les corridors sombres, au hasard des aventures. La plupart, fort peu réservées, sous différents prétextes venaient frapper à la porte de notre chambre. Souvent j'y étais seul au travail. Le savaient-elles? Sans être plus sot qu'un autre, j'étais encore trop ignorant des manèges féminins pour le supposer, et trop sauvage pour oser regarder en face ces friponnes et les comprendre. Fort gauchement, de ma place, et non sans rougir, je répondais que mon père était sorti. La porte se refermait et j'entendais derrière, pendant quelques instants, leurs rires étouffés. Alors, je me sentais devenir pâle; tout mon sang refluait au cœur et m'étouffait. Un sentiment de honte mêlé de colère m'envahissait tout entier. Mon amour-propre souffrait cruellement. De plus sages que moi auraient perdu toute prudence. Pourtant je résistai.

Mais je demande à ceux qui se souviennent, aujourd'hui, de ces moments difficiles, ce que fera le jeune homme pour éluder, gagner du temps, si, à ses premiers rêves, les jeunes filles malignes et rieuses lui font peur? Retournera-t-il à son isolement? Ce serait presque toujours sa perte, non par la mort, mais, ce qui est pis, par la dessiccation.

De là vient, je l'ai souvent constaté, l'innombrable fruit sec qui est le malheur de notre pays.

Quel sera le remède à ce dessèchement solitaire? Je vais donner le meilleur. Tout fils devrait être préservé, surtout par sa mère.

Pour moi, si j'ai valu quelque chose, je le dois à ce bonheur que j'ai eu, à dix-sept ans, d'avoir été pris en amitié par une femme distinguée, très douce, pleine de sagesse et de raison.

Ce fut dans la maison même du docteur que je rencontrai ce bon génie qui préserva ma jeunesse de toute chute grave. Mme Hortense avait à peu près l'âge de ma mère, que je venais de perdre. Elle tenait la comptabilité, surveillait la portion féminine de la maison, mission délicate, qui n'était pas sans lui créer de graves embarras et beaucoup d'ennuis.

Les épreuves communes créent entre les âmes les plus forts liens. Mme Hortense avait été frappée par un malheur terrible. Un matin, on lui avait crié à travers sa porte que sa fille, une artiste charmante, venait d'être trouvée morte dans son lit.

A la première heure d'affolement, il n'y avait eu rien à faire, rien à dire. Un regard, un serrement de main compatissant, sont peut-être, en pareil cas, les plus humaines expressions de la pitié.

Mon père, avec un tact admirable, attendit le moment où il deviendrait possible de tenter davantage pour aider la pauvre âme à se faire, ici-bas, la seule consolation qu'elle pût accepter. Il fallait, pour cela, faire reculer en arrière une image chère, mais à jamais muette, et faire glisser doucement, par degrés, tout près de ce cœur malade, une autre image vivante et parlante, celle d'un autre enfant qui ne demanderait qu'à l'aimer.

L'occasion sembla se refuser d'abord. Mme Hortense ne donnait aucune prise. Toujours repliée sur elle-même et comme morte à la vie de relation, on ne la voyait plus dès que sa tâche quotidienne était achevée. Personne n'était admis dans sa chambre, et jamais elle ne s'arrêtait au salon sans nécessité.

Plusieurs mois passèrent ainsi. C'était à désespérer de tout rapprochement, lorsqu'un dimanche, entrant chez mon père pour l'entretenir des affaires de la maison, elle se montra beaucoup moins inaccessible, parla même de choses étrangères au but de sa visite, ce qui ne lui était jamais arrivé. Elle était debout pour sortir, élégante et austère dans ses habits de deuil, pâle sous son long voile noir, profondément triste, mais simple et digne dans l'expression de sa douleur. Elle eût troublé les plus indifférents. Mon père l'était jusqu'aux larmes, lorsqu'il me prit vivement à ma table et, me menant devant elle, m'offrit, en quelque sorte, à son adoption par ce mot touchant : « Madame, voici un enfant qui n'a plus de mère.... »

Le premier mouvement de cette femme excellente fut tout nature et compassion. Mais elle le réprima aussitôt. Sa réponse brève, implicitement négative, arrachée avec un effort visible, nous révéla plus qu'elle n'eût voulu, peut-être, le fond amer de ses pensées : « Ne cherchez pas, pour lui, monsieur, une autre protection que la vôtre : les mères sont parfois si impuissantes à garder leurs propres enfants ! » Sa bouche frémissait, et sa pâleur était devenue sépulcrale. Son regard, porté en avant, semblait fixé sur un objet que le nôtre ne voyait point. C'était l'ombre de sa fille, morte, qui passait devant ses yeux.

Elle avait refusé. Et pourtant, son cœur maternel s'émut, lorsqu'elle me sentit réellement menacé. Un soir que j'étais dans la chambre de mon père seul, assis près de la fenêtre, mon livre fermé sur mes genoux, n'y voyant plus clair pour lire, triste de mon isolement, mais préférant ma solitude et le silence aux commérages vulgaires du salon, j'entendis la porte s'ouvrir sans bruit, et je la vis venir à moi d'un pas doux et léger qui n'était qu'à elle et qu'on croit, à tort, particulier à la jeunesse. Arrivée près de moi, elle prit ma main et la garda un moment dans la sienne, me regardant de ce regard profond qu'ont seules les mères, et qui, sans paroles, dit tant de choses à l'âme. Ce fut tout. Aucun autre témoignage de sa sollicitude. Elle sortit, comme si elle ne fût venue que pour parler à mon père.

N'importe, désormais la glace, entre nous, était rompue. Encore un peu de temps, et mon refuge dans ce cœur compatissant allait être assuré.

Celle que la Providence me donnait était une mère, moins ce que la maternité a de sévère. Elle avait conservé, chose rare dans un cœur brisé, une harmonie d'un grand charme.

Il me fut doux de céder à de telles séductions. Je ne puis dire assez avec quels tendres ménagements j'étais guidé dans les heures troubles où le cœur, seul avec son orage, a si grand besoin de lumière et la trouve si peu en lui et autour de lui.

Une femme sûre, pour garder le jeune homme novice des femmes dangereuses qu'il rencontre sur sa route, quel rare don de Dieu !

Mme Hortense n'avait pas été sans voir de quel côté venait pour moi le péril. Elle redoutait, surtout, certaines dames pensionnaires qui n'auraient pas demandé mieux que de me déniaiser. Sans m'inquiéter par de continuels avertissements, elle sut déjouer leurs manèges et me préserver.

III

THÉRÈSE

Mais on ne s'avise jamais de tout. En surveillant de très près son personnel féminin, ma marraine croyait avoir paré à tous les dangers. Elle me savait gardé, par ma réserve habituelle, des pensionnaires oisifs, toujours en quête d'un auditeur complaisant, et toujours prêts à glisser dans l'oreille du jeune homme, sans expérience, quelque mauvais conseil. J'étais, en effet, un sauvage. Il suffisait que je visse un de ces désœuvrés errer dans le jardin, pour prendre aussitôt d'un autre côté. J'ai toujours fui les conversations oiseuses, qui sont, pour l'esprit, un véritable dissolvant. Mais enfin, je le répète, on ne s'avise jamais de tout.

Parmi les employés de la maison, il y avait une demoiselle Tarlet, première gouvernante, qui passait pour avoir été, jadis, la maîtresse du docteur. Elle recevait tous les dimanches la visite de son frère, commis principal à la préfecture, grand diable d'étourdi, point méchant, mais dépourvu de tout sens moral. Il venait, le plus souvent, accompagné de sa fille, qu'il laissait, des heures entières, à se morfondre d'ennui au jardin, pendant qu'il allait se divertir avec les dames peu sévères de la maison.

Ce fut dans une de ces longues et mélancoliques attentes que je vis Thérèse pour la première fois. C'était presque une enfant encore par l'âge ; mais sa taille élancée était, déjà, celle d'une jeune fille qui plie un peu sous la fatigue d'une croissance trop rapide. Son air fin, sa physionomie douce et intelligente, son isolement visible, intéressaient de suite à sa petite personne. La solitude lui pesant, elle dut m'observer de son berceau de charmille et me juger favorablement, car elle vint bientôt, avec une grâce timide, me demander la per-

mission de s'asseoir près de moi. Nous ne nous parlions guère. Pendant que je lisais, en attendant la visite de Poret, elle suivait avec curiosité les mouvements rapides des sphinx plongeant leur longue trompe dans les délicates fleurs roses de la valériane pour en aspirer le miel. Je voyais bien qu'elle eût aimé à les poursuivre; mais, ce liseur obstiné qui ne levait jamais les yeux de son livre lui en imposait, l'arrêtait dans ces élans naïfs, lui faisait mettre la sourdine à tous ses mouvements.

Quand son père se décidait enfin à venir la reprendre, il arrivait sur elle en courant, gesticulant, l'appelant à grands cris, ce qui semblait la faire souffrir. Toutes les femmes naissent distinguées. Plus tard, le milieu où elles se développent marque à son tour son empreinte, les affine davantage ou les vulgarise.

J'en ai connu, cependant, qui résistaient aux mauvaises influences. Les moindres soins d'éducation en eussent fait des *personnes* d'une bien autre saveur que la plupart de nos dames bourgeoises, souvent aussi artificielles et vides de tête que des poupées.

Je savais gré à Tarlet de ne point se faire suivre par sa fille quand il allait s'amuser au salon. Il le faisait surtout pour être plus libre. Je crois, pourtant, qu'un instinct obscur l'avertissait et lui donnait le respect de cette âme innocente. Plusieurs fois il m'arriva de surprendre, sur sa physionomie mobile, des signes certains de son contentement de nous trouver sagement assis l'un près de l'autre sur le même banc. Il avait bien raison d'aimer pour sa fille ma société. J'aurais été incapable de toucher, même en paroles, à cette délicate fleur en qui l'émotion, trop précoce, eût pu être l'extinction ou la flétrissure de la vie.

Comme il était dans le tempérament agité de Tarlet de s'en prendre à quelqu'un ou à quelque chose, il ne manquait jamais, en arrivant, de gronder Thérèse sur ceci ou sur cela, sur son immobilité : « Ne ferais-tu pas mieux, lui disait-il, de danser, sauter, de courir dans les allées après les papillons, plutôt que de rester ainsi pelotonnée comme une momie? » La pauvre petite répondait timidement : « J'ai toujours peur de déranger M. Michelet. » Cela était si gentiment dit, avec un son de voix si naturellement harmonieux, que j'eusse voulu toujours l'entendre.

La voix et le regard ont, chez la femme, une singulière puissance. Ils exercent sur nous, bien plus que sa beauté, un charme d'irrésistible fascination. Si rien ne surprend plus désagréablement qu'un son de voix rude, aigre ou faux sortant d'une jolie bouche, rien, en revanche, ne nous séduit, ne nous trouble plus qu'un timbre de voix doux, légèrement voilé, mettant à la parole je ne sais quoi de mystérieux, de caressant, qui fait fondre le cœur ou l'attire, tout entier, sur les lèvres d'où s'échappent ces sons divins.

Un jour, que je demandais à un homme, des plus épris, quel genre de séduction avait pu exercer sur lui la femme qu'il aimait, — elle était sans grâce et fort laide, — il me répondit tout simplement : « L'avez-vous jamais entendue parler? »

Un dimanche qu'il pleuvait fort, Tarlet entra bruyamment dans ma chambre : « Impossible, vous le comprenez, me cria-t-il dès le seuil, d'emmener Thérèse avec moi par ce temps affreux; je l'ai laissée à sa tante, et je viens vous prendre pour faire une longue promenade à travers champs. Nous avons à causer de mille choses qui ne peuvent se dire quand l'enfant est là. » J'ai toujours aimé la pluie, je me laissai donc entraîner. Chemin faisant, il me découvrit son idée, qui était de me convertir à une vie plus gaie. « Est-ce, dites-moi, une existence raisonnable pour un jeune homme de votre âge, d'avoir le nez toujours fourré dans les livres ou la plume au bout des doigts? Ne feriez-vous pas mieux, au moins le dimanche, de prendre la volée avec une jolie fille au bras? » Le conseil n'était pas de mon goût. Je puis confesser sans réserve un passé déjà si loin; eh bien, ni à cet âge, où la curiosité fait excuser bien des choses, ni à aucun autre, je n'ai pu prendre un plaisir, même passager, près d'une femme banale. C'est pour moi, comme une fleur effeuillée, flétrie, maculée; j'en détourne les yeux avec tristesse.

Il n'y avait pas moyen de se fâcher tout net avec Tarlet et d'arrêter court ses propositions. Comme tous les viveurs, il était bon enfant et disait les choses, les moins avouables, sur un ton de bonhomie qui désarmait. Ce qu'il voulait encore, c'était de me conduire dans un bal public. Là-dessus, résolument, je dis : Non. J'ai toujours eu de ces sortes de lieux un indicible effroi. Ma terreur la plus grande était celle-ci : S'il arrivait que, dans un mauvais vertige, une heure de folie, on s'attachât à la plus indigne!... Mon homme, me trouvant inébranlable, prit patience.

Je parlai de la chose à mon *ours*, à Poret, mais pour en rire. Lui, le prit sur un tout autre ton; il m'avoua que l'envie lui était souvent venue d'y aller, mais qu'il n'avait jamais osé y entrer seul. Il combattit ma résolution obstinée, me dit que je devais céder à Tarlet, au moins pour une fois. A l'ordinaire, le plus fort prime le plus faible. Le diable aussi s'en mêla, peut-être; bref, j'en vins à faire ce qu'on voulait de moi et j'essayai de m'amuser comme les autres. Deux choses m'empêchèrent d'y réussir : d'abord ma gaucherie, et le respect que je croyais devoir témoigner à celles qui ne s'en souciaient guère. Toutes ces petites évaporées, je m'en souviens comme d'hier, me regardaient d'un air si surpris, elles souriaient d'un tel sourire, que j'en étais tout décontenancé et tout honteux. Autre obstacle : je ne savais pas danser; Poret non plus. Nous fîmes la folie d'aller prendre des leçons d'un vieux professeur du quartier. Pour moi, ce fut peine inutile. Je brouillais toutes les figures ; mes entrechats étaient, paraît-il, du plus haut comique. Un beau matin, mon maître de danse, plus ennuyé que de coutume de mon incapacité chorégraphique, eut l'air, comme la *Zulietta* de Rousseau, de me renvoyer à mon arithmétique. Je fus piqué, et ne lui revins plus.

Tarlet, lui aussi, me trouvant sans doute un trop triste compagnon de plaisirs, ne m'inquiéta plus ; il me laissa, tout entier, à mes *bouquins*.

Thérèse, plus fidèle, finit par me demander ce qu'ils avaient pour moi de si attrayant, que je ne pusse jamais les quitter, et ce qu'on racontait dans le livre que je tenais à la main. C'était Montaigne ! la plus obscure énigme pour un pauvre petit cerveau d'enfant. L'avouerai-je? J'eus un moment de véritable chagrin de ne pas avoir, à portée, un livre simple dont la lecture ou le commentaire eût amusé un jeune esprit déjà très éveillé, mais encore sans culture.

IV

MON RÊVE D'ADOPTION

Thérèse était née d'une petite bourgeoisie de province. Orpheline de mère, elle vivait avec son père et une tante, vieille fille séchée par un célibat qui passait pour n'avoir pas été volontaire. Comme neutre, elle n'avait avec sa nièce, ni les tendres épanchements, ni les mille ingéniosités d'une mère. Les plus illettrées trouvent, tout naturellement, dans leur imagination et leur bon cœur, des trésors d'invention pour répondre à l'insatiable curiosité du jeune âge.

Thérèse partait, tous les matins, pour l'école, sans avoir reçu le baiser maternel, qui est, pour l'enfant, une sorte de bénédiction. Bien que depuis longtemps sa maîtresse, très peu instruite, ne lui apprît plus grand'chose, Mlle Tarlet, au lieu de la garder quelques heures pour la former aux soins du ménage, la renvoyait, tout le jour, afin d'être plus libre de voisiner et de médire du prochain avec les commères oisives du quartier.

J'en fis honte à Tarlet, qui me promit d'y remédier, et n'y pensa jamais. D'autant, la pauvre petite me devenait, chaque jour, plus chère. Soit disposition naturelle, soit imitation, elle voulut, bientôt, avoir un livre pour lire près de moi. Ce

désir renouvela mes regrets. Que lui donner à lire? Où prendre la nourriture appropriée à son âge, qu'elle pût aisément assimiler? La grande affaire, avec les commençants, n'est pas de leur apprendre beaucoup, mais des choses qui harmonisent la jeune âme naissante, déjà troublée de mille manières, assaillie d'impressions vagues, qui se succèdent et dépassent sa puissance réceptive. Comment établir la force de réaction pour lutter contre le flux prodigieux qui vient du côté de l'imagination? Il faudrait, pour établir un contre-courant salutaire, des efforts de travail auxquels l'enfant ne peut être assujetti.

La lecture pourrait suppléer. Mais où sont, où est même, *le livre* qui convient au premier réveil? Où est la vraie *Bible pour tous*, faite des éléments indispensables à l'éducation : Dieu — Nature;

Histoire — Patrie? Rien, je le sais, n'est plus difficile à faire qu'un tel livre. Si, par exemple, vous donnez de l'histoire, il la faut simple, et successivement augmentée. Huit ans, douze ans, quinze ans, marquent trois étapes, bien graduées, du développement intellectuel.

Le premier récit, ne devrait conter que des faits individuels et amusants; — le second, insisterait sur ceux de ces faits qui se rattachent essentiellement à la tradition nationale, — ce qu'en éducation, il est obligatoire de faire sentir à l'enfant, — dès qu'il commence à saisir la chaîne et l'unité de l'histoire. Par cette méthode graduée, on ferait succéder, peu à peu, les idées aux sensations éveillées par les images. — Le troisième récit, aborderait enfin l'histoire générale où se marque la solidarité des peuples, où l'on voit, qu'à travers les différences de mœurs et de coutumes, l'humanité garde, au fond, une âme identique, et qu'elle tire de cette belle et forte unité sa force de résistance contre les éléments multiples de destruction qui s'attaquent à la vie des races, comme à celle des individus.

S'il s'agit de la vieille Bible hébraïque, il faut bien se garder de livrer, sans choix, cette vaste encyclopédie où tant d'âges différents, tant d'idées opposées, sont représentés. La Bible a les dangers du désert. Souvent, quand tout est plan, quand vous suivez avec votre innocente fille un beau récit de sainteté, au détour d'un verset, comme derrière un noir genévrier, l'impur esprit apparaît.... Même, quand ces dangereuses rencontres ne sont pas à craindre, il faut y regarder encore. La faire lire d'ensemble, ce serait remplir l'âme de trouble, de confusion.

de contradiction.... Le livre des servitudes, par exemple, est tout à fait impropre au premier élan de l'âme.

Lorsqu'on voudra, sérieusement, faire un livre de religion pour la femme, il faudra regarder vers l'Orient, les horizons purs de la Perse. De ce côté, c'est toujours le rayon de l'aurore, l'enseignement de l'action, du devoir héroïque joyeusement accepté.

Au temps que je fais revivre, ici, les livres pour la jeunesse étaient trop rares. Faut-il, pourtant, le regretter?... Qui ne déplore, aujourd'hui, la nullité, la vulgarité des livres dont nos enfants sont nourris? On ne donne guère en prix, à nos filles, que des livres secondaires imités des grandes œuvres, qui n'en sont que de faux reflets, des formes affaiblies. Personne ne songe qu'en imposant ces sortes de contrefaçons à l'heure de la vie où tout se marque, le *goût*, cette délicate et fragile fleur de l'esprit, est souvent faussé pour toujours.

Dans mon enfance, et même plus tard, on n'avait guère qu'un ou deux livres de prédilection. Aussi, que n'y mettait-on pas ! A peu près tout ce qu'on avait soi-même dans l'âme. Selon qu'il faisait beau ou laid, selon qu'on était gai ou triste, heureux ou non, plus ou moins pauvre, ce livre se colorait diversement. Nul ami plus fidèle. Le camarade, qui vient vous voir, est souvent discordant ; il vient gai quand vous êtes triste. L'ami imprimé? Non. Je ne sais comment il se faisait qu'il se mettait toujours à l'unisson de mes pensées.

Que j'aurais voulu cet ami pour Thérèse, quand elle était seule avec les siennes ! La grande variété, je le répète, n'est pas nécessaire au premier éveil de l'intelligence. En ceci, l'on peut dire que les enfants sont nos maîtres et nos guides. Ils ne nous demandent pas de changer sans cesse de sujet. Rappelons-nous seulement notre enfance. Si l'on avait su nous intéresser, au lieu de dire toujours : « Et après? » nous nous faisions, au contraire, raconter, vingt fois, la même histoire sans nous en lasser jamais. Sur ce récit, notre petit cerveau travaillait indéfiniment, se créait des images et des horizons nouveaux. Un éducateur habile peut mener ainsi très loin son élève, en bas âge, sans paraître avoir d'autre souci et d'autre but que celui de lui donner une récréation.

Je dirai, volontiers, qu'il en est d'un bon livre comme d'un amour vrai : on peut en vivre longtemps.

Thérèse, on l'a vu, n'avait qu'un très léger bagage d'instruction. Sur toute chose son éducation était donc à faire. Elle n'eût pas demandé mieux que de recevoir mes leçons, et je sens encore, aujourd'hui, que, dès cette époque, j'y eusse pris un plaisir extrême. Mais les choses, dans cette première année, tournèrent autrement. Les pluies d'automne et les neiges d'hiver nous interdirent le jardin où nous avions l'occasion de nous rencontrer. Son père, maintenant, la laissait errer, à l'aventure, dans la maison. Ce changement me fit éprouver un indicible malaise. Je n'aurais bien su en définir la cause, ni dire ce qui se passait en moi. Je sentais, seulement, que ma personnalité, jusque-là si forte, m'échappait. Mon livre, ce compagnon chéri de ma solitude, n'occupait plus seul ma pensée. Tant que je savais Thérèse au salon ou dans la chambre de quelque pensionnaire, j'étais distrait, nerveux, agité. Si j'entendais son pas furtif dans le corridor, malgré moi j'entr'ouvrais ma porte, sous prétexte de lui demander si le dernier livre que je lui avais prêté l'amusait, ou si elle en voulait un autre.

Elle me regardait, de ses beaux yeux limpides, touchante, dans sa pâleur d'enfant maladive. Vivrait-elle ? on pouvait en douter à voir sur son visage les fines nuances que la santé n'a jamais, d'imperceptibles veines bleues sur le blanc des tempes, ici et là, près des yeux. Elle s'offrait à moi comme une énigme obscure et fragile....

Quelque désir que j'en eusse, je n'aurais jamais osé la prendre chez moi pendant ces longues heures où elle était, pourtant, exposée à voir et entendre bien des choses indélicates qui pouvaient altérer sa candeur.

Fallait-il se résigner à la laisser ainsi à l'abandon? Mon inquiétude était d'autant plus pesante, qu'elle était toute enfermée en moi; je n'en pouvais parler même à ma marraine, trop prévenue contre les Tarlet. Ce tourment, sans trêve, finit par opérer un vrai miracle; il me fit vaincre l'insurmontable répugnance que j'avais à me mêler aux pensionnaires et à fréquenter le salon. Autre miracle : Malgré mon aversion pour les cartes et tous les jeux, en général, je me vis, un dimanche, assis autour du tapis vert, tout prêt à affronter l'ennui de l'insipide loto, afin d'avoir le bonheur de passer toute une soirée près de Thérèse.

Notre enjeu consistait en marrons grillés. Ils rôtissaient sous la cendre rouge, pendant qu'on appelait les numéros.

Trop distrait ou trop lent à marquer mes cartons, il était rare qu'un pauvre petit quine vînt me favoriser. Je tirais les marrons du feu, mais pour les autres. Thérèse, plus heureuse, gagnait et venait m'offrir les siens. Je trouvais délicieux d'en partager deux ou trois, par moitié, avec elle. Si peu suffit au premier bonheur.

L'hiver, cette année, me parut beaucoup plus court qu'à l'ordinaire. Lorsqu'il fut décidément parti, je le regrettai, non seulement pour la douce intimité qu'il avait fini par nous ménager, mais, aussi, parce que je ne me suis jamais réjoui de voir les jours s'allonger. Cela tient, sans doute, à ce que, dans mon existence toute cérébrale, j'ai toujours été en retard avec la marche du temps. Mars arrive, et me trouve encore plongé dans ma nuit d'hiver ; avril, mal équilibré, virant à toutes les températures, m'est hostile ; il me tient triste, il brise mon rythme intérieur. Je ne le reprends que sous les tièdes ondées de mai qui font chanter, en poètes, merles et rossignols, et toute la nature.

Sous la pluie soleillée, je voyais, de ma chambre, les arbres de mon Jardin des Plantes élargir, à vue d'œil, leurs feuilles d'un vert tendre. Nous pourrions bientôt, mon ami et moi, reprendre nos longues causeries sous l'épais couvert des allées. D'où venait, cependant, que je n'attendais plus Poret avec les mêmes impatiences? J'étais toujours le même pour lui ; j'avais le même plaisir à le revoir ; nous discutions avec le même feu sur nos idées et nos études ; mais je n'éprouvais plus l'impérieux besoin de lui parler de mes sentiments. Je l'évitais plutôt. Lui, bien sûr de ma confiance, ne s'étonnait pas de ma réserve ; il me croyait tout entier à mes travaux. Parfois, même, il me félicitait d'une sagesse dont il eût bien voulu, me disait-il, avoir sa part.

En un sens, il avait raison. Le temps des mauvais songes, nourris de chimères, qui portent au cerveau leurs ivresses malsaines, le font délirer et crier, se répandre au dehors, semblait passé pour toujours. Sans doute, mes dix-huit ans conspiraient contre moi. La Nature, sans cesse, nous guette. Dès que sonne l'heure des premières émotions, elle se fait complice. J'en subissais la mystérieuse puissance; mais, cette fois, sans aucun trouble dangereux. L'imagination n'est, je crois, réellement notre ennemie, que dans le vide qui naît de l'isolement. Et, je n'étais plus seul.... Une aimable vision, doucement lumineuse, allait devant moi, comme pour m'éclairer le chemin. Je la suivais docile.

Béatrix avait onze ans lorsque Dante la vit pour la première fois. Elle lui resta au cœur, avec cet âge, jusqu'à la mort.

Le dimanche, quand je tenais la réalité, quand Thérèse était assise près de moi sous le berceau de charmille, j'en éprouvais une joie infinie, mais tranquille, celle que doit ressentir un frère pour une sœur plus jeune, restée comme lui orpheline, à laquelle il sent bien qu'il donnera toute sa destinée. Je ne crois pas qu'il fût possible d'avoir d'autres pensées près de cette enfant si attendrissante de pureté. L'amour qui n'est pas une chasse au plaisir sera toujours retardé dans son orage par le respect d'une âme chaste qui s'ignore et se fie. Il n'y avait, d'ailleurs, aucun mérite à ma vertu; elle portait en elle une volupté bien douce! Plus tard, j'ai connu le bonheur. Eh bien! je le jure, j'en aurais sacrifié bien volontiers la moitié, pour retrouver le frémissement délicieux de la première attente, à vingt ans, dans l'ignorance de ce qu'elle peut donner.

Cet état de l'âme était si bon, que je serais resté peut-être bien longtemps, encore, sans me douter de la nature et de la profondeur de mon sentiment pour Thérèse, s'il ne fût survenu un changement, aussi imprévu que subit, dans toutes nos habitudes.

V

PREMIÈRES ÉPREUVES

Tout à coup, Tarlet ne l'emmena plus avec lui, disant, qu'elle avait trouvé une amie et qu'elle préférait rester à la maison. Lui, ne venait plus que pour des instants. Jusque-là, je l'avais pris en patience pour l'amour de sa fille. Lorsqu'il vint seul, sans elle, je le trouvai vulgaire, ennuyeux, haïssable. S'il faisait mine de vouloir entrer en familiarité avec moi, je me levais, je fermais mon livre d'un coup sec et je partais, — sans même dire adieu, — le laissant tout interdit de mon humeur bizarre. Il me prenait de folles envies d'aller voir, par moi-même, ce qu'il y avait de vrai dans le conte qu'il m'avait débité. Un dimanche, n'y tenant plus, je courus, tout d'une haleine, jusqu'à l'entrée de la rue qu'habitait Thérèse. Arrivé en vue de sa maison, voilà un autre sentiment qui m'envahit et m'arrête court.... Pourquoi cet espionnage ? Je n'y avais nul droit. Tout mécontent de mon indiscrétion, je retourne sur mes pas.

Faut-il tout dire ? A ma réserve naturelle, se mêlait un autre sentiment que je puis avouer, sans honte, et dont j'ai, toute ma vie, souffert cruellement : Hélas ! j'étais jaloux.... Si Tarlet ne m'avait pas trompé, si j'allais trouver Thérèse réellement heureuse avec sa nouvelle compagne, sans regret du passé, devenue presque indifférente à son premier ami?... Je ne m'étais jamais avoué que je l'aimais. A ces moments d'angoisse, mon cœur ne me le disait que trop. Quand la seule crainte déjà me torturait, que serait-ce donc si Tarlet avait été véridique? Non, il valait mieux ne rien savoir.

En réalité, la pauvre enfant était victime d'une intrigue dont son père n'eût osé me parler sans honte. Ce caprice passa comme bien d'autres. Il reprit ses habitudes régulières, et Thérèse me revint, aussi aimante que par le passé, aussi heureuse de se retrouver auprès de moi.

Mais, j'avais été trop fortement averti pour reprendre une entière confiance. Un autre danger, d'ailleurs, m'alarmait : Que devenait-elle le soir, dans la maison où on l'abandonnait seule, son père pour aller au café, sa tante pour reprendre le fil de ses éternels commérages ? Thérèse était naturellement réfléchie. Dans cet isolement quotidien, sa petite tête devait fermenter. Quelles étaient ses pensées solitaires ? Aucun souffle impur n'effleurait-il cette âme innocente ?

J'aurais bien voulu l'interroger. Je n'osais, ne sachant comment m'y prendre, ni trouver les mots pour pénétrer dans son cœur sans y porter le trouble.

Rien, en vérité, n'est plus cruel que de

se sentir inutile à ceux qu'on aime. Être si loin l'un de l'autre, en étant si près; avoir mis la moitié de son âme dans une autre âme, et ne rien savoir du meilleur de soi-même; prévoir le péril et ne pouvoir rien pour le conjurer; être impuissant à tout, et se le dire, à toute heure, à toute minute, c'est porter en soi, en pleine vie, le néant de la mort.

J'en étais profondément malheureux.

Mon souci persistant me portait à m'en ouvrir à mon père, à lui demander pour Thérèse, demi-orpheline comme moi, l'abri de son aile paternelle. N'avait-il pas désiré pour son fils, au total, si bien gardé par sa sollicitude, une autre protection ? Si j'avais le bonheur de le persuader, il m'aiderait à vaincre les préventions de ma marraine.

Le sentiment très juste qu'elle avait des dangers auxquels la pauvre enfant restait exposée dans sa famille, èt le souvenir des malheurs de sa propre fille, la rendraient compatissante. Elle adopterait aussi Thérèse, et j'aurais, dès lors, le droit de la voir plus souvent et de l'enseigner sous ses yeux.

Former une âme, la douer! J'ai désiré cela toute ma vie. Même très jeune, je n'ai jamais pu me trouver près de ceux que j'aimais sans éprouver l'impérieux besoin de les associer au travail de mon esprit. Chez les natures élevées, avides d'idéal, l'échange et la communion des mêmes pensées éveille, bientôt, la chaleur du sentiment, sans laquelle rien ne germe ni ne fructifie. C'est ainsi que j'ai toujours compris l'enseignement.

Mais, avoir cet échange supérieur avec une âme de femme; la faire sienne par la culture intellectuelle, lui donner, en quelque sorte, pour le reste de sa vie, son empreinte à soi, qu'elle retrouvera au plus profond, à l'heure des pensées solitaires, c'est entrevoir, ici-bas, toutes les félicités du ciel.

Ce fut précisément l'aveu de mon inquiétude et de ce rêve entrevu, qui décida nos parents à nous séparer.

Il y avait deux années, déjà, que nous nous connaissions. C'était avoir trop attendu. La séparation devait être, pour tous deux, un déchirement.

VI

SOUS LE CÈDRE

On était à la fin de juillet. Mon père, ma marraine et quelques pensionnaires de leur intimité, avaient pris l'habitude de traverser, tous les soirs, la rue pour aller respirer le frais au Jardin des Plantes et causer plus librement. Le dimanche, je les suivais avec Poret et Thérèse, lorsque sa tante la retenait à dîner. Ce dimanche, d'un souvenir à la fois si doux et si amer, l'ami n'étant pas venu, j'allais devant, seul avec ma petite reine, lui faisant le commentaire de la vie d'une grande reine de France dont je lui avais donné à lire l'histoire. La mienne, avait pris mon bras. Nous cheminions lentement à travers les allées. La chaleur, qui, tout le jour, avait été accablante, — malgré l'heure avancée, — restait encore très forte. Un vent bas, précurseur de l'orage, rasait les parterres où foisonnaient mille fleurs lourdes de sève et de parfums. Ces odeurs concentrées, comme des essences, nous arrivaient, de moments en moments, en chaudes ondées. A la longue, on se sentait la tête un peu prise. Langueur? Ivresse? On n'aurait su dire. Peut-être les deux à la fois. Je parlais toujours, mais avec beaucoup moins de verve qu'au départ. Thérèse s'appuyait, davantage, à mon bras. Le mien, tout près de son cœur, en sentait la chaleur et les battements. Jamais nous n'avions eu ensemble une si complète intimité. Non, ce n'étaient pas, seulement, les assoupissantes émanations des fleurs qui ralentissaient notre marche. Thérèse, timidement, se disait un peu lasse; moi, je me sentais aussi tout pesant; mais c'était de bonheur.

Le soleil se couchait, comme nous arrivions au bas du labyrinthe. Pour gravir l'étroit sentier qui mène au sommet, il fallut nous séparer. Thérèse marchait devant, dans sa robe d'été, si gracieuse et si légère, en tous ses mouvements, qu'elle semblait, plutôt, glisser à travers la verdure, soulevée sur le nuage vaporeux de ses blanches mousselines. Je la suivais, dans une sorte d'extase. Tout était oublié : les difficultés du présent et l'inquiétante énigme de l'avenir. J'étais tout entier à la douceur de l'heure présente ; j'en savourais les délices. Ne montions-nous pas, ensemble, le chemin du paradis?...

Trop courts instants de complète félicité.... Tout à coup, il me sembla que le spectre horrible du passé se dressait devant mes yeux. Sans m'y être préparé, je revoyais ce cèdre, témoin de nos plus accablantes épreuves : et, sous son ombre attristée, le banc sur lequel ma mère s'était tant de fois assise en sortant de la prison de Sainte-Pélagie : — où elle avait tant de fois pleuré et regardé, à travers le brouillard de ses larmes, la haute fenêtre grillée de barreaux de fer, espérant, contre toute espérance, y voir apparaître mon père.

Cruelle détention! le premier des malheurs qui devaient la tuer.... Je portais, vivement, mes deux mains à ma poitrine ; j'y sentais une douleur aiguë, comme si quelqu'un, traîtreusement, m'eût frappé. C'était la blessure toute vive et toute saignante, encore, de ces temps maudits qui, subitement, se rouvrait. Et, au même instant, tout ce que j'avais cru tenir de bonheur, soudain, s'évanouit.

Je tombai sur ce banc, à cette même place où je l'avais vue s'asseoir, le cœur violemment contracté.

Thérèse ne savait rien des misères de mon enfance. Je me serais fait scrupule d'ajouter à ses tristesses en lui racontant les miennes. Alarmée de l'altération de mes traits, me croyant subitement malade, elle voulut appeler mon père. Je la retins. Sa voix, qui m'a toujours semblé venir du ciel, cette voix si chère, que bientôt je ne devais plus entendre, était un cordial suffisant pour ranimer mon courage. De la main, je lui fis signe d'approcher, et, si pénible qu'il fût pour moi de revenir sur ce sombre épisode de la prison, je me décidai, — dès que je pus maîtriser mon angoisse, — à lui tout raconter, pour qu'un lien plus fort fût entre nous. La douleur et les larmes communes unissent les âmes, bien plus que la joie.

Je la vois encore, debout, appuyée au cèdre, les bras tombants, les mains jointes, dans l'attitude contemplative de ces jeunes vierges du moyen âge qu'on voit au portail des églises. A ce moment, toutes les vitres de la montagne Sainte-Geneviève flamboyaient, comme un vaste incendie, sous l'éclat d'un soleil couchant plein de gloire et d'orage.

Elle en recevait, à distance, les reflets ardents sur son pâle visage et dans la forêt de ses longs cheveux châtains, qu'elle portait, encore flottants, sur ses épaules. Ainsi encadrée, dans cette auréole de lumière, elle m'apparaissait transfigurée, divinement belle, d'une beauté céleste d'autant plus touchante, qu'elle n'en avait nullement conscience. Sa pensée, je le voyais bien, était tout entière à ma peine. Elle me regardait, non plus de son regard presque enfantin, doux et plein de paix, auquel j'étais habitué. A son insu, elle avait pris un autre âge. L'enfant venait de disparaître. Toutes les effluves troublantes d'un cœur de femme, ardent en sa pitié, étaient contenues dans ce pénétrant regard qui m'allait jusqu'au fond de l'âme.

Elle, sans se douter encore du trouble qu'il portait en moi, et sans chercher à me cacher le sien, se rapprocha davantage, quand j'eus fini mon triste récit, et, de sa frêle petite main prenant la mienne, elle me reprocha, doucement, de lui avoir laissé ignorer tous mes chagrins du passé. Pourquoi, surtout, ne lui avais-je jamais parlé de ma mère? La sienne étant morte dès sa naissance, elle n'imaginait pas, avant de me l'avoir entendu dire, qu'il fût si bon, pour un petit enfant, d'être attiré dans des bras maternels et longuement bercé.

C'était ce que faisait ma mère, quand nous étions seuls l'hiver, mourant de froid. Dans ses alarmes pour ma santé, elle m'attirait aux coins les plus reculés, me blottissait contre elle, m'enveloppait, tant bien que mal, dans les plis de sa sèche robe d'indienne, et, se penchant sur moi, me disait avec un accent qui toujours me tirait des larmes : « Va, je t'aime bien! »

Et pourtant, si déshéritée qu'eût été mon enfance, il me semblait, maintenant, que je n'avais pas été le plus à plaindre. Les bonnes fêtes du cœur, dans la famille, à tout prendre, je les avais connues, tandis que Thérèse en avait toujours été privée. Jamais, ni son père ni sa tante, ne lui avaient dit cette parole de si grande douceur : « Va, nous t'aimons bien! » Sa mélancolie habituelle la marquait de ce signe particulier qu'ont seuls les enfants sans mère : on ne les voit jamais rire, ou si tristement! Plus qu'une autre, avec sa sensibilité exquise, la pauvre petite sentait son abandon. Comme j'essayais de la réconforter, à mon tour, et de lui persuader, pour l'avoir éprouvé moi-même, qu'une adoption maternelle volontaire était encore une douce chose, elle repoussa vivement cette consolation : « Pour une mère, c'est bien fini ; je n'en puis plus avoir, en ce monde, puisque la vôtre aussi est morte. Mais, il est une question que je me suis faite, cent fois, dans mon isolement : Pourquoi Dieu, qu'on dit si bon, ne nous a-t-il pas pris en pitié l'un et l'autre; pourquoi, avant de nous reprendre nos mères, ne nous a-t-il pas donné à vous une sœur, à moi un frère à aimer ? »

Ce n'était pas seulement un regret qu'elle m'exprimait d'une voix assourdie par les larmes, c'était aussi l'aveu d'un secret désir ; sa main qui tremblait dans la mienne me le faisait pour elle. J'aurais pu m'enhardir, lui dire qu'il y a entre les âmes un sentiment plus tendre et plus intime que celui qui unit une sœur à un frère; j'aurais pu lui laisser deviner que je l'éprouvais pour elle. Mais, le véritable amour, à quelque âge qu'il nous vienne, est timide et toujours plein de crainte. Il perd, le plus souvent, les occasions qu'il aurait de rencontrer le bonheur. Plus le trouble est profond, moins nous savons être heureux. J'étais frémissant près d'elle, le cœur tout prêt à s'échapper, et je restais aussi court de paroles que s'il n'y eût eu rien à lui répondre, uniquement par la peur de mal dire ou de trop dire et de déplaire.

En pareil cas, les plus purs sont les plus hardis. Thérèse, dans son innocence, ne savait pas encore lire dans les yeux ce qu'en amour la bouche souvent n'ose exprimer. Le silence, pour toute réponse à l'appel touchant qu'elle venait de faire à mon amitié, lui parut un signe de froideur et d'indifférence. La pauvre petite ne put me cacher sa peine. Dans un mouvement naïf, irréfléchi, comme il en vient aux natures tendres et spontanées, elle jeta ses bras autour de mon cou, et, dans un chaste abandon, sans dire un mot, elle laissa retomber sa tête sur mon épaule, comme une sœur.

Jamais, encore, un cœur de femme ne s'était reposé sur mon cœur. Thérèse allait avoir seize ans; j'en avais dix-neuf. Maintenant, il faisait presque nuit, dans l'ombre du cèdre, et nous étions seuls!... Je fus sans force, pour dominer la sensation subite, inconnue, qui venait de m'envahir tout entier, qui me faisait chanceler, me troublait de vertige. Sans le savoir, sans le vouloir peut-être, —

ces moments sont si obscurs, — je l'attirai plus étroitement, et nos lèvres s'effleurèrent. Ce ne fut qu'un instant, à peine la durée de l'éclair, et je crus que j'en mourais.

VII

L'AVEU

Ne riez pas. Ne dites pas : idylle d'enfants sans lendemain. Ce nouveau lien, formé entre nos deux âmes, dans un tel lieu, pour ainsi dire sous le regard de ma mère, me rendait, désormais, Thérèse d'autant plus chère et sacrée! Mon parti fut pris sur l'heure. Dès le lendemain, je parlerais à mon père; il ne me refuserait pas.

Je n'ai jamais éprouvé une forte émotion sans croire que ceux que j'aimais seraient heureux de la partager aussi avec moi. Dans ce ferme espoir, je passai une partie de la nuit, — entre les éclairs et les éclats du tonnerre, — à tourner de cent manières la phrase magique qui devait m'ouvrir l'accès de son cœur paternel. Il ne s'agissait plus, seulement, d'éducation. Je voulais lui dire, aussi, ce qui était bien autrement grave, qu'avec sa permission, j'épouserais Thérèse dès que je serais en état de gagner ma vie. S'il me faisait des objections, — je devais m'y attendre, — je saurais bien les combattre et le convaincre. La nuit, dans les ténèbres, seul avec mon amour, je me sentais héroïque. Hélas ! le matin, au grand jour, tout changea. La timidité, qui est le fond de ma nature, reprit le dessus, elle me paralysait. Lorsque mon père entra, je ne sus plus par où commencer, ni que lui dire. Nous étions seuls dans sa chambre; on venait de nous servir notre premier déjeuner. Tout en émiettant mon pain, — je n'avais aucun appétit, — je cherchais à me rappeler cette phrase préliminaire qui m'avait coûté tant de peine à faire. J'eus beau chercher, elle ne me revint plus. L'aurais-je ressaisie, qu'il m'eût été impossible de l'arracher de ma gorge desséchée par l'angoisse. Je sentais ma langue se coller à mon palais. J'étouffais. Une parole de mon père m'acheva : « Eh bien! Jules, l'orage t'a donc retiré l'appétit? » Il me regarda; je me jetai à ses pieds et je fondis en larmes. Ce fut toute mon éloquence.

Il se doutait si peu de la cause de mon émoi, que sa première supposition fut la plus invraisemblable, étant donnée ma sauvagerie. Il s'imagina que, dans mon inexpérience, je m'étais laissé prendre aux filets de quelque sirène, plus éprise de ma bourse que de ma bonne mine, et que j'avais fait, à quelque usurier, un emprunt qu'il m'était impossible, — sans son secours, — d'acquitter.

Lorsque je fus en état de le détromper et de lui faire ma confession, il se garda bien de contrarier mes projets. Aussi habile que paternel, il me traita en homme, en ami surtout, me fit quelques sages observations, qu'aujourd'hui je me ferais moi-même, et finit par me demander une semaine de réflexion, avant de me répondre, me promettant, d'ailleurs, à ma prière, de ne rien dire à personne. Ce serait notre secret; il resterait entre nous.

Le soir même, à mon insu, il voyait ma marraine, et tous deux arrêtaient un plan de conduite à mon égard. Le mariage, de longtemps, n'était pas possible ; il ne le serait, peut-être, jamais. Ce premier amour était donc d'autant plus à craindre, que je ne m'en laisserais distraire par aucun des plaisirs faciles que prennent à peu près tous les jeunes gens, en attendant l'heure de leur établissement.

Partout, il y avait danger. Me laisser voir trop souvent Thérèse, c'était courir au-devant d'un malheur certain; d'autre part, me heurter de front, étant donné un caractère tout d'une pièce, comme le mien, c'était me pousser à la rébellion et tout compromettre. Comment donc faire?

Les femmes ont cent fois plus d'adresse que les hommes pour arriver à se faire écouter et à vaincre les résistances. Mme Hortense avait l'intuition rapide; elle ne vit qu'un moyen d'en sortir :

c'était de m'amener à prendre, de moi-même, une résolution héroïque. Me connaissant beaucoup mieux que mon père, elle m'en croyait capable. Il n'y avait qu'à frapper droit au cœur. Le sien, on va le voir, devait être l'enjeu de cette gageure. N'importe, l'excellente femme se chargea, sans hésiter, de mener seule à bien cette mission délicate.

MARIANNE

I

MARIANNE

Rien n'éveilla mes soupçons lorsque, le surlendemain de mes confidences à mon père, ma marraine me demanda de l'accompagner dans une longue course qu'elle avait à faire. Cela lui arrivait quelquefois, et je mettais, toujours, beaucoup d'empressement à lui être agréable.

Elle prit donc mon bras, le plus naturellement du monde, et se mit à causer, sur la route, de mille choses d'un intérêt secondaire, mais que sa bonne grâce habituelle savait rendre attrayantes.

Arrivés à la hauteur du Marché aux Chevaux, elle tourna dans une rue du vieux Paris, aussi étroite que la rue de Nevers, au Pont-Neuf; plutôt, une ruelle tortueuse, par ses maisons irrégulièrement bâties; les unes, reculées en arrière, comme honteuses de leur maigre façade; les autres, ventrues, d'anciens hôtels, peut-être, empiétant indiscrètement sur la chaussée. Toutes, d'ailleurs, également dans l'ombre, ne recevaient du ciel ni chaleur ni lumière, même aux plus longs jours de l'été.

Depuis que nous nous étions engagés

dans cette rue, les allures de ma marraine avaient changé. Elle ne parlait plus. Sa volonté était, visiblement, de hâter le pas, et l'on eût dit qu'une force d'inertie, plus puissante, paralysait ses mouvements. Je la sentais à mon bras toute lourde. L'inquiétude de mon regard la réveilla. « Ce n'est rien, me dit-elle, en faisant un nouvel effort pour se ressaisir : nous aurions dû prendre un autre chemin, éviter cette rue ; mais une attraction douloureuse, invincible, m'y ramène toujours. »

Elle continua dans un grand trouble, et presque à voix basse, comme si elle eût craint d'être entendue : « Voyez-vous cette vieille maison rouge dont les fenêtres du troisième étage surplombent sur la rue? C'est là, dans une de ces chambres, que Marianne est morte. A certains jours, ma pauvre tête se monte et se refuse à croire à la réalité. Il me semble que je n'ai fait qu'un mauvais rêve, et, qu'en passant devant cette porte, je vais la voir venir à moi avec son bon sourire et ses deux bras ouverts pour m'embrasser.... Mais, je sens qu'on nous regarde. Si l'on allait me reconnaître! Emmenez-moi! »

En effet, soit hasard, soit curiosité, quelques locataires s'étaient mis sur leur porte. Je l'entraînai, vivement, dans un jardin abandonné dont on était en train d'abattre les grands arbres en pleine parure d'été. La chute gémissante de ces bons géants, qui avaient travaillé un siècle, peut-être, à étendre autour d'eux leurs bienfaisants ombrages, faisait mal à entendre. C'était comme une lamentation de la nature faisant écho aux plaintes de l'humanité. En toute autre occasion, ma marraine en eût été encore plus émue que moi ; mais, toute à sa pensée, elle ne voyait rien de ce qui se passait autour d'elle. S'étant jetée sur un banc, elle reprit d'une voix fébrile :

« Ah ! je n'aurais pas dû la quitter, la laisser seule. Le remords, toujours, me poursuit.

« Et pourtant, si nous vivions séparées, si j'avais accepté pour toutes deux cette existence isolée, c'était afin d'ajouter à ses ressources, au lieu de lui être à charge.

« Tenez, je puis bien tout vous dire ; vous avez le cœur et l'âge qui font comprendre ces choses ; eh bien, il me semblait, aussi, qu'il valait mieux ne pas la prendre avec moi, dans une maison où tant d'oisifs corrompus se font un jeu de s'attaquer à l'honneur des femmes. Je la sentais plus à l'abri, dans ce quartier tranquille où nous avions vécu des années ensemble, où je la savais honorée par les familles honnêtes et laborieuses qui vivaient sous le même toit.

« Comme je vous l'ai dit, elle peignait, surtout en miniature. Je n'avais pas cherché à contrarier sa vocation; ses professeurs jugeaient qu'il y avait en elle l'âme d'une grande artiste[1]. Elle donnait aussi des leçons et faisait, sur commande, de fort belles copies des grands maîtres.

« Si le travail est le gardien de la

1. J'ai retrouvé dans les papiers de M. Michelet, datant de cette époque, quelques petits dessins jetés d'une main vive et légère; c'est plein de grâce et d'esprit. Mais il y a un dessin d'une tout autre nature qui trouble fort le cœur : c'est une esquisse que Marianne a faite d'elle-même et, sûrement, bien près de sa mort. L'attitude est désolée, les bras tombent, le regard est au ciel, noyé de larmes. Cette esquisse lui a servi pour commencer un petit portrait à la gouache, qu'elle destinait, sans doute, à sa mère. Je possède ces deux reliques. (Mme J. M.)

vertu d'une fille, je pouvais être de tout repos sur la sienne, car elle ne perdait pas une heure. Mais, la fatalité devait s'en mêler. Ce fut précisément au Louvre, que la pauvre enfant rencontra celui qui devait faire son malheur et le mien.

« Il y a, entre les artistes, une sorte de camaraderie de métier dont personne ne s'offusque. On va d'un chevalet à l'autre, on se critique, on se discute, on s'admire, on s'électrise d'enthousiasme pour telle ou telle école. L'heure réglementaire de la fermeture des salles fait qu'on sort ensemble, et qu'on chemine en causant si l'on va du même côté. Cette familiarité, d'ailleurs décente, était moins à craindre pour Marianne que pour toute autre. Sa réserve naturelle, l'impression de tristesse qu'elle avait gardée de notre temps d'épreuves, l'avaient faite fort silencieuse. Je suis bien sûre que jamais aucun de ses compagnons d'atelier ne se fût avisé de chercher à la reconduire chez elle. Tous la respectaient.

II

JACQUES

« Mais le danger vient, toujours, du côté où on ne l'attend pas. Il vint, pour elle, du fond de la province. C'était un tout jeune homme, un méridional nouvellement débarqué, et triste d'avoir quitté sa petite ville et les siens. Dans ce grand Paris, où pas un visage humain ne lui était connu, il se sentait comme en exil. Ses regrets étaient surtout pour

sa mère et l'une de ses sœurs. Comme tous les méridionaux, il avait l'âme expansive et ne pouvait se défendre de parler des deux chères absentes; parfois, même, avec des larmes.

« Ses camarades, déjà revenus de ces enfantillages, en riaient, ce qui ajoutait à sa tristesse. Marianne, au contraire, était touchée de sa peine. Pour son malheur, elle le laissa trop voir. Le besoin irrésistible qui pousse les êtres jeunes et solitaires à se rapprocher, fit le reste. Cela est fatal.

« Ils furent de bien bonne foi, tous les deux, en croyant d'abord qu'aimer sagement, sans presque se le dire, suffirait toujours à leur bonheur. Savaient-ils même, alors, qu'il y eût rien au delà? La facilité de leurs relations (ils travaillaient souvent au Louvre l'un près de l'autre) fut pour moitié dans leur chute.

Elle les entraîna, insensiblement, à désirer davantage, c'est-à-dire à tout perdre.

« Un matin, ces deux enfants, si purs encore la veille, s'éveillèrent ayant perdu leur ignorance. Marianne sentit bientôt, au trouble de sa santé, qu'elle portait dans son sein le triste fruit de sa faute. Les larmes amères qu'elle avait déjà commencé à répandre, redoublèrent. Et cependant, elle n'avait alors aucun doute; elle croyait fermement que son enfant avait un père, qu'elle serait épousée.

« Dans son inexpérience, elle ignorait qu'avoir trop donné éloigne les hommes, au lieu de les attacher davantage. Il était si tendre pour elle!... Comment ne pas se faire illusion? Il viendrait de lui-même à demander que le mariage se fît avant la naissance de l'enfant. Elle mit donc sa dignité à se taire. Il lui en eût tant coûté, d'ailleurs, de dire un mot qui rappelât cette première heure d'égarement, pour elle inoubliable!...

« J'ignorais tout. Marianne ne venait habituellement que sa journée finie ; je ne la voyais qu'à travers le jour incertain de ma chambre pauvrement éclairée. Ses précautions étaient si bien prises, qu'il me fut impossible de m'apercevoir du changement de sa taille. Les locataires de sa maison ne doutaient pas qu'elle ne fût enceinte ; mais elle avait prié, conjuré avec tant de larmes, qu'on me laissât tout ignorer, jusqu'au jour où Jacques la demanderait en mariage, que personne n'osa m'avertir.

« Hélas ! ce jour, qu'elle attendait avec une si grande anxiété, ne vint pas. Dès lors, on la vit pâlir et maigrir sans qu'elle fût plus souffrante. C'était au cœur qu'était le mal. Son enfant aurait-il un père, ou naîtrait-il orphelin ? La question se posait, maintenant, inexorable.

« Un soir que Jacques cherchait un prétexte pour la quitter plus tôt qu'à l'ordinaire, la pauvre enfant se sentit atteinte plus profondément de la morsure du doute. Sous son aiguillon cuisant, le cœur maternel s'éveilla tout à fait, et lui commanda de parler. Prenant tout son courage, elle lui demanda s'il ne vaudrait pas mieux qu'il l'obtînt tout de suite de sa mère? Elle aurait plus facilement son pardon. Lui, sans s'expliquer nettement, la gronda d'être injuste à son égard, et de se troubler l'esprit de chimères, quand l'intérêt de leur enfant lui commandait le calme. N'était-il pas toujours le même, aussi épris et plein de sollicitude pour l'avenir? Ne travaillait-il pas double, en prévision des charges nouvelles qui allaient naître? Cela même l'empêcherait peut-être de venir la voir avec autant de régularité, mais elle pouvait être bien tranquille : sa pensée ne le quittait pas. Là-dessus, il l'embrassait bien fort, disant que tout s'arrangerait, et la laissait, en réalité, sous le coup des plus sombres pressentiments.

« Je la voyais de moins en moins. On était à la veille des étrennes. Elle m'écrivait qu'elle avait un surcroît de travail, que les journées étaient si courtes qu'elle devait les allonger en continuant de peindre à la lampe. Deux fois elle vint en courant à la brune. « Mère, disait-« elle, je n'ai que le temps de t'embrasser « et de m'enfuir. » Avant que j'eusse pris celui de répondre, elle était déjà dans l'escalier.

« Et moi, je n'avais pas une heure de libre pour l'aller voir. Vous savez combien je suis esclave dans la maison du docteur. C'était bien pis, il y a quelques années. Son inquiétude le rendait inexorable. Il n'y avait de jour de sortie pour aucun employé. Nous étions tous tenus à la chaîne.

« Quand je songe qu'il eût suffi d'entrer à l'improviste dans sa chambre pour surprendre son secret et prévenir, par une tendre miséricorde, des malheurs plus grands!... Cette pensée fait mon désespoir; elle m'accable.

« Marianne ne me trompait pas. Elle ne sortait presque plus; mais ce qu'elle me cachait soigneusement, c'est qu'elle ne pouvait plus travailler avec la même assiduité. Si courageuse qu'elle fût, les malaises, la fièvre qui la prenait souvent le soir, faisaient tomber le pinceau de ses doigts. Et la gêne venait, car elle n'eût jamais voulu rien accepter de Jacques avant le mariage. S'il offrait, elle répondait avec un triste sourire : « Gardons cela pour *lui.* »

« Un jour, qu'il parlait de ses efforts solitaires, elle se hasarda, encore, à lui dire : « Ne croyez-vous pas qu'à deux, « nous aurions plus de force d'âme pour « gagner davantage? Pour moi, je sens « que j'y retrouverais toute mon éner- « gie ; je travaillerais mieux et plus vite. « Nous aurions ainsi plus de ressources « au moment de sa naissance.... » Elle n'osait plus parler du mariage : le mot lui eût brûlé les lèvres : mais il eût pu lire, — s'il l'eût voulu, — dans ses yeux pleins de larmes, ses pensées et ses angoisses. Il n'en eut pas le cœur. Il fit la réponse banale et froide, à geler le mercure, que tous les hommes tirent de leur égoïsme, lorsque la faute d'une femme les gêne et qu'ils n'en veulent pas supporter les conséquences : « Ne t'inquiète « donc pas toujours ainsi. Je l'ai promis, « je n'ai qu'une parole. Sois de tout « repos, je n'abandonnerai jamais ton « enfant ; il ne manquera jamais de « rien. » Sur le reste, pas un mot.

« Ainsi, l'arrêt était, implicitement, porté : ils resteraient séparés. Dans l'état de faiblesse où était Marianne, c'était la tuer. Elle était fière; elle reçut sa condamnation en silence. Jacques ne se douta nullement qu'il venait de lui porter un coup mortel. Il partit, avec la persuasion d'avoir fait tout son devoir d'amant et de père. Il n'était pas plus méchant qu'un autre et il n'était pas né vicieux. Marianne avait été son premier amour; il l'avait éperdument aimée et s'était promis, au moment où il triomphait de ses résistances, une éternité de bonheur avec elle. On l'eût bien surpris, alors, à lui dire que l'année ne se passerait pas sans qu'il fût, sinon las de l'amour fidèle, mais, tout au moins, déjà atteint des tiédeurs affligeantes qui précèdent le détachement.

« Tandis que ma pauvre fille, triste captive volontaire, ne quittait plus sa chambre que le soir, furtivement, pour aller, à la dérobée, rendre un peu d'ouvrage ou se pourvoir de nourriture; lui, vivait au soleil, se promenait au quartier Latin au milieu des rires joyeux de la jeunesse. Il s'était laissé apprivoiser et tenter par l'inconnu de la vie qui promet, aux âmes novices, tant et tant de belles fêtes! Si l'idée du mariage lui était venue, un moment, par amour ou par commisération, elle était maintenant bien loin de son esprit.

« Oh ! mon enfant, vous aimerez aussi : c'est la commune loi ; vous la subirez comme les autres. Eh bien ! croyez-en l'expérience d'une mère instruite par le malheur, n'avancez pas cette heure. Les amours trop précoces sont bien souvent, comme les amours tardives, autant de pas vers la mort.

III

L'ABANDON. — LA MORT

« Marianne s'était dit que, si son enfant mourait, elle le suivrait bientôt, sans bruit ni larmes. Elle fut stoïque et garda jusqu'à la fin, devant le monde, l'attitude souriante de l'espérance. A

celles qui l'interrogeaient et auxquelles il fallait bien répondre, puisque sa faute était connue, elle disait toujours invariablement, que Jacques allait l'épouser. Tous y furent trompés. On attribuait son amaigrissement et sa pâleur aux fatigues de son état.

« Les larmes continuaient à tomber, mais en silence, dans les longues et funèbres nuits d'hiver, sans sommeil. Il en coula tant de ses yeux et de son cœur brisé, que les sources de la vie tarirent, pour elle et pour son enfant. Le moment venu, il naquit sans souffle, languit quelques heures et mourut.

« J'étais sérieusement malade et tout à fait alitée. Elle avait expressément défendu qu'on m'avertît, quoi qu'il advînt. On craignit de la tuer en ne tenant pas compte de ses ordres. Elle m'écrivit, qu'elle était retenue à la chambre par un refroidissement accompagné de fièvre, mais qu'elle allait venir.

« Jacques, non plus, ne fut pas prévenu de la naissance de son fils. Ce fut seulement après sa mort, et pour remplir les formalités indispensables, qu'elle le fit appeler.

« La pauvre petite vint, en effet, dès qu'elle put se traîner, mais, toujours, à la nuit, selon son habitude. Elle était tout encapuchonnée, se disant encore mal remise de son refroidissement. Je pouvais m'en douter, à l'altération de sa voix, qui avait pris quelque chose de la plainte d'un enfant malade ou malheureux. Je voulus la retenir, la garder avec moi, la nuit, pour la bien voir le lendemain au grand jour. Ce son de voix m'alarmait. Elle s'en défendit, me démontra que la chose était impossible, qu'elle avait trop de travail en souffrance pour perdre les heures que je lui demandais. D'ailleurs, le soir même, elle allait avoir une leçon à donner. Il fallut bien la laisser partir. Je ne me levais pas encore. Elle me couvrit de baisers, de caresses, me tint longtemps embrassée.

« Marianne avait toujours été bonne et tendre pour moi, mais, sans s'abandonner, jamais, si complètement. Qu'avait-elle, qui fît fondre ainsi son cœur? La douleur physique nous tient chagrins, elle ne nous attendrit pas. Les souffrances de l'âme, au contraire, nous font faibles près de ceux que nous aimons. J'avais cru sentir des larmes. Il me passa, devant les yeux, je ne sais quelle vision de malheur.

« Je lui dis :

« Tu souffres donc bien, puisque tu « pleures? » — « Non, je ne pleure pas; « c'est le brouillard de la Seine qui a « rendu mon voile tout humide. Mais je « m'attarde trop; on m'attend, il faut « que je te quitte. » Elle s'arracha à mon étreinte maternelle. Dans le mouvement qu'elle fit pour ramener son manteau, sa taille se dégagea, et je pus m'apercevoir, aux dernières lueurs du jour, de son effrayante maigreur. Ou elle était bien malade, ou quelque peine secrète la consumait.... Comme elle partait, sans m'embrasser une dernière fois, j'en pris prétexte pour la rappeler. Elle hésita, puis me revint tout d'un élan, et, passant ses deux bras autour de mon cou, elle me dit, douloureusement, comme si elle eût fait une prière : « Oui, « bonne mère, embrassons-nous encore « une fois, et donne à ta Marianne, bien

« tendrement, ton adieu. » Ce fut notre dernier baiser!

« Avant de rentrer chez elle, — au lieu de nourriture, — elle achetait une petite provision de charbon.

« Le lendemain, au point du jour, on frappait à ma porte, et l'on criait du dehors : « Levez-vous, madame, et venez « vite : on dit que votre fille se meurt. » Je ne sentis plus mon mal; je me levai en toute hâte et me jetai, éperdue, dans un fiacre qu'on avait fait avancer. Hélas! on m'avait trompée. C'était trop tard.... Elle ne se mourait pas, elle était déjà morte! Je la trouvai étendue sur son lit, les mains jointes sur son pauvre cœur, qui avait tant souffert et qu'elle semblait comprimer.

Un réchaud était à côté, qui brûlait

encore, et, par ses émanations, avait averti les voisins.

« Sur sa table était la lettre, ou plutôt le long journal, qu'elle avait fait pour moi, où elle me confessait sa faute, me disait comment elle avait succombé et tout ce qu'elle avait souffert, depuis, en expiation d'un moment de faiblesse.

« A la fin, elle me demandait de lui pardonner.

« Je les ai usées de mes yeux, je les ai trempées de mes larmes, ces pauvres feuilles sur lesquelles les siennes ont tant de fois coulé. On en voit partout la trace. Je vous les montrerai un jour. Vous verrez ce qu'a d'effrayant la longue agonie d'une âme mortellement blessée de sa chute, et de l'abandon de l'homme qui l'a perdue. Ce journal est, aussi, un testament qu'elle a fait devant Dieu. Je dois l'emporter avec moi; vous saurez où je le cache. Quand je serai morte, vous le mettrez dans ma bière, sous mon linceul, tout contre mon cœur. Vous ferez cela pour moi, n'est-ce pas [1]? »

Elle me faisait cette prière avec le même son de voix plaintif qu'avait sa fille, lui demandant de mettre toute sa tendresse dans son dernier adieu. La voyant prête à défaillir, pour toute réponse, je la soutins dans mes bras. Jamais, elle ne m'avait été plus chère. A

1. Ce journal ne se retrouva pas à la mort de Mme Hortense. Sans doute elle avait cru plus prudent de le détruire. Mais Michelet l'avait eu assez longtemps dans les mains pour le savoir par cœur. Il lui a été bien utile pour ses deux livres : *L'Amour*, *La Femme*. Il s'en souvenait encore, quand des femmes jeunes, se trouvant dans une situation à peu près analogue à celle de Marianne, venaient lui demander conseil. (Mme J. M.)

tous les âges de ma vie, mes attachements les plus forts, les plus durables, sont nés de la compassion.

IV

JE PERDS THÉRÈSE

La pauvre femme était bien loin du but qu'elle s'était proposé au départ. Par cela même, elle l'avait plus sûrement atteint.

L'impression de douleur que me fit éprouver son récit fut d'autant plus vive et plus profonde que rien ne m'avait donné à penser que ce fût un avertissement.

Il était, certes, bien inutile de me prémunir contre des idées d'abandon. Je n'ai jamais été de ceux qui croient qu'en amour tout se borne à un seul acte, après lequel il n'y a rien à apprendre ni à obtenir d'une femme.

Grâce à Dieu, la même, — pour qui sait aimer, — peut en contenir mille, et donner à l'homme le plus mobile de goûts et de caractère le plaisir du changement dans la fixité. Toute femme renouvelle d'attraits lorsqu'elle se sent aimée. Aujourd'hui qu'un long passé est derrière moi, je puis affirmer, par ma propre expérience, qu'il suffit de mettre son âme de moitié dans ses plaisirs, pour n'avoir que bien rarement la tentation d'être infidèle.

Cette tragique histoire devait, pourtant, m'être utile, mais d'une manière toute différente de celle qu'on avait prévue.

Jusqu'à ce jour, la femme m'était surtout apparue dans son rôle de fiancée ou de compagne de l'homme, apportant le bonheur sous son toit solitaire. L'idée de la maternité n'avait qu'effleuré mon esprit. Le récit des souffrances de Marianne pendant sa grossesse me la faisait envisager pour la première fois, bien en face, et par son côté sombre, terrible même pour la femme. Que sont les charges de la paternité, dont l'homme fait tant de bruit, comparées au péril où il expose sans cesse celle qui met courageusement, pour enjeu, dans l'amour, sa propre vie? Et Thérèse était si fragile! En pensant à elle, mon âme se remplissait de terreur.

Elle fut si forte alors, que je n'ai jamais pu, depuis, la dominer entièrement près d'une femme aimée.

La possibilité d'un mariage prochain avec Thérèse me semblait, désormais, interdite. Quand mon père, fidèle à sa promesse, reprit notre entretien, et combattit, d'abord, mon projet d'adoption, me démontrant qu'il était bien difficile de se faire le tuteur immédiat d'une jeune fille pourvue de ses appuis naturels, dont aucun n'avait réellement démérité; — lorsque, abordant, ensuite, la question du mariage, il me montra ma pauvreté comme un obstacle bien sérieux, la femme prenant toujours à son compte la plus forte part des privations et des misères domestiques; — lorsque, enfin, pour m'impressionner plus vivement sur le sort qui attendrait Thérèse, il évoqua nos propres souvenirs, me rappela que ma mère avait souffert de notre gêne jusqu'à en mourir; il ne savait pas qu'une voix parlait, en moi, plus haut que la sienne, et, qu'elle m'avait déjà dicté la *résolution héroïque* qu'on cherchait, — sans me le dire, — à obtenir de ma sagesse. Oui, il fallait savoir attendre. Cela, quoiqu'il m'en coûtât, j'aurais su le faire. Ce n'était pas la plus dure épreuve.

Un autre sacrifice, qui était la conséquence du premier, s'imposait aussi; celui-ci plus cruel. Pour rester fort contre moi-même, il faudrait, également, m'interdire de voir, souvent, Thérèse.

L'aurais-je pu, si nous étions restés dans la même ville? Je crois, à la peine que je ressens encore au bout de tant d'années (1859), que ce courage, à la fin, m'eût manqué.

Aussi, quand mon père, quelques jours plus tard, me communiqua une lettre de son beau-frère qui l'appelait aux Ardennes, et qu'il m'annonça que son intention était de me prendre avec lui, — si troublé que je fusse d'une résolution si subite, si accablante que fût pour moi la pensée de quitter Thérèse lorsque j'avais encore, aux lèvres, l'ineffable douceur de son premier baiser, je courbai pourtant la tête en silence, et j'obéis.

Le temps des vacances était achevé quand nous rentrâmes à Paris, et seuls. Thérèse, qu'on avait envoyée dans sa famille, ne revint pas. Nos parents avaient résolu de retarder indéfiniment son retour, dans l'espoir qu'à la longue je guérirais. Pour me faire prendre patience, on disait devant moi, le plus naturellement du monde, que le grand-père malade, qui l'avait appelée près de lui, allait mieux et qu'il parlait de ramener lui-même sa petite-fille.

N'ayant jamais trompé personne, je crus à la sincérité d'autrui. Il me fallut voir les semaines passer les unes après les autres, sans amener la réalisation de ces promesses, pour m'éclairer sur le double jeu qu'on jouait avec moi. Au premier moment, j'en fus indigné et j'arrêtai durement les donneurs de consolations.

Ma marraine, plus maternelle qu'adroite, pour me distraire de mon chagrin, avait eu la sotte idée d'appeler près d'elle une de ses jeunes parentes, assez jolie, mais bégueule et poseuse. Affectant la froideur et l'indifférence aux hommages, c'était déjà une grande coquette, fort habile dans l'art d'attirer sur elle l'attention des hommes, de les troubler de désirs, sans pour cela se compromettre elle-même. Les rets où elle voulait vous saisir, une fois tendus, elle regardait ailleurs, en reine distraite, bien assurée, d'avance, d'y voir tomber sa victime. Je lui échappai pourtant, et sans qu'il fût besoin d'un effort de vertu.

J'aurais pu lui dire le mot de la femme iroquoise au Français léger qui s'amuse à la courtiser : « L'ami que j'ai devant les yeux m'empêche de te voir. »

Plus j'enfonçais dans mon chagrin, plus la compassion de ceux qui m'avaient brisé me devenait odieuse. Mon père eut beau se mettre en frais de bonnes paroles pour m'adoucir l'épreuve, je restai de glace avec lui. La seule voix que j'aimais à entendre était celle de mon cœur malade. Lui, du moins, était sincère; il confirmait mes tristes pressentiments, me disait que c'était bien fini, qu'elle ne me reviendrait plus, jamais. Toujours et partout, dans le sommeil ou la veille, j'entendais cet arrêt cruel résonner comme un glas.

C'était trop souffrir. Toutes mes bonnes résolutions, un matin, s'évanouirent. Sage près de Thérèse et voulant rester tel, pour la recevoir dans mes bras, toute blanche d'innocence; loin d'elle, je ne ressentais plus que les agitations malsaines d'une passion contrariée, sans objet prochain, sans espoir, en tout malheureuse. Une idée fixe me hantait. Je partirais secrètement, je l'arracherais sans pitié à son grand-père qui me la retenait; nous reviendrions seuls en tête-à-tête. Nos sages mentors n'auraient, dès lors, rien de mieux à faire que de nous donner l'un à l'autre.

Mais, hélas! ma pauvre tête avait beau s'exalter, je n'avais aucun moyen de mettre mon projet à exécution. Ne gagnant pas un sou, je ne possédais rien. J'étais entièrement à la charge de mon père, qui avait bien de la peine à nous faire vivre tous les deux. Quant aux emprunts, — cette ressource qui s'offre si aisément, aujourd'hui, aux jeunes gens pour payer leurs plaisirs secrets, — dans ma jeunesse ils étaient beaucoup moins à la mode. D'ailleurs, le souvenir de la prison, — qu'avait valu à mon père son emprunt fait à Vatard pour nous donner du pain, — me remplissait d'un effroi salutaire.

Si encore j'avais pu lui écrire! Des torrents seraient venus sous ma plume. J'essayai plusieurs fois. Mais, — et ceci même dira mon honnêteté, lorsque, plus hardi devant mon papier que si elle eût été là, j'avais écrit quelques pages brûlantes que mes larmes effaçaient en partie, je regrettais les emportements de ma passion, je déchirais ma lettre et la jetais au feu. En la voyant, en esprit, assise au pied du lit de son grand-père, triste assurément, blessée, peut-être, mais sage, étrangère encore au trouble des sens, je rougissais de la mêler à mon orage et de flétrir moi-même cette fleur de virginité qui la parait d'un charme plus séduisant que l'amour même.

Il eût fallu savoir lui dire, simplement, que je lui serais toujours fidèle, et l'encourager elle-même à la patience. Mais cette sage philosophie, je ne l'avais pas. Toutes les fois que j'ai été blessé de ce mal cruel qui nous fait, à la fois, si forts et si faibles, mes lettres sont devenues de véritables poèmes. Si Thérèse les avait lues, son âme en eût pour toujours perdu la paix. J'eus la force de me taire.

Mais alors, où trouver l'alibi bienfaisant? Le travail acharné seul me l'offrait. Je m'enfonçai donc de nouveau dans mes livres, mes vrais amis de tous les temps et mes consolateurs. Je concentrai et ramassai ma force ; je repris mon existence toute cérébrale, y cherchant, non l'oubli, mais une âme d'airain invulnérable aux maux de l'avenir.

J'ai écrit quelque part : « Les passions intellectuelles ont dévoré ma jeunesse. » Ce mot, qui pourrait servir d'épigraphe à dix années de ma vie, restera daté du moment où, sentant que je perdais pied dans une mer d'amertume, il me fallut faire appel à toutes les puissances de l'esprit pour me sauver d'un complet naufrage.

Sans ce remède héroïque, je ne sais si je ne serais pas mort dans ces longs mois de silence.

Nécessité l'impérieuse fut le salut. Elle abrégea le temps des rêveries et me lança dans la vie active. Nous avions des parents pauvres qui nous avaient assistés dans les mauvaises années de mon enfance; c'était à mon tour de leur venir en aide.

TABLE

THÉRÈSE

MARIANNE

EN SOUSCRIPTION

L'ESPAGNOLE

PAR

ÉMILE BERGERAT

ILLUSTRATIONS DE DANIEL VIERGE

1 vol. in-16 tiré à 500 exempl.

Paris. — Imp. LAHURE, rue de Fleurus, 9

www.ingramcontent.com/pod-product-compliance
Ingram Content Group UK Ltd.
Pitfield, Milton Keynes, MK11 3LW, UK
UKHW020255250726
13967UKWH00004B/1688